Kalb

Lamm

Geflügel

Was lange gart, wird richtig gut!

Besondere Schmorgerichte

Coco Jobard

Fotografie: Jean-Blaise Hall

Jan Thorbecke Verlag

Inhalt

Das Geheimnis dieser Suppe liegt darin, erst nach zwei Dritteln der Kochzeit zu salzen, damit die Linsen nicht hart werden.

Bohnensuppe mit Tomaten

Zubereitung: 20 Min.

Einweichzeit: 1 Std.

Kochzeit: ca. 1 Std. 50 Min.

Für 6 Personen/Portionen

> 1,5 kg weiße Bohnen
> 1 grüne Stange Staudensellerie mit Blättern
> 1 große Zwiebel
> 1 schöne Karotte
> 4 Knoblauchzehen
> 6 Scheiben Pancetta (oder Bauchspeck)
> 2 EL Olivenöl
> 300 g Schweinehals (oder frische, gut durchwachsene Schweinebrust)
> 1 EL Fenchelsamen
> 1 Bouquet garni (s. S. 64)
> 5 schöne Tomaten
> Salz und Pfeffer aus der Mühle

Für die Beilage

> 2 Knoblauchzehen
> 12 Scheiben Weißbrot vom Vortag
> Olivenöl

Bohnen aus den Schoten pulen. Die Blätter des Staudenselleries waschen und fein hacken. Die Zwiebel, die Karotte und den Staudensellerie schälen und in Würfel schneiden. Die Knoblauchzehen schälen und hacken. Die Pancetta in Scheiben schneiden.

In einem Kochtopf das Öl bei mittlerer Hitze erwärmen und darin 10 Minuten lang die Sellerieblätter, die Zwiebel-, Karotten- und Selleriewürfel, den Knoblauch, die Pancetta, das Schweinefleisch, die Fenchelsamen und das Bouquet garni anbraten. Die Bohnen und 2,5 Liter Wasser hinzugeben. Aufkochen, auf kleiner Flamme 1 Stunde und 10 Minuten köcheln lassen.

Die Tomaten überbrühen und häuten, dann vierteln und die Samen entfernen. Die Bohnensuppe salzen und die Tomatenstücke hineingeben. Weitere 40 Minuten köcheln lassen. Einen Schaumlöffel voll Bohnen und Gemüse herausnehmen und beiseite stellen. Das Schweinefleisch und das Bouquet garni entfernen.

Für die Beilage den Grill des Backofens vorheizen. Die Knoblauchzehen schälen und die Brotscheiben auf einer Seite damit einreiben. Die Brotscheiben mit Olivenöl beträufeln und von beiden Seiten auf dem Backblech rösten.

Mit einem Pürierstab das restliche Gemüse im Topf pürieren. Die Suppe in einer Suppenschüssel anrichten und das beiseite gestellte Gemüse zugeben. Durchrühren, mit etwas Olivenöl beträufeln, pfeffern und mit den noch warmen gerösteten Brotscheiben servieren.

Der Borschtsch ist eine in Russland sehr beliebte Suppe. Servieren Sie ihn mit Piroggen, kleinen gefüllten Teigtaschen.

Borschtsch

Zubereitung: 30 Min.

Kochzeit: 3 Std.

Für 6 bis 8 Personen

Für die Bouillon

> 1 Bund Dill
> 1 Bouquet garni (s. S. 64)
> 1 Stück Querrippe mit Knochen, etwa 500 g
> 1 große geschälte Zwiebel, gespickt mit zwei Nelken
> Grobes Salz
> 10 schwarze Pfefferkörner

Für den Borschtsch

> ½ Wirsing
> 3 Karotten
> 1 große Mairübe
> 2 mittelgroße Kartoffeln (Bintje)
> 2 rohe Rote Bete
> 240 g geschälte Tomaten aus der Dose
> 300 ml Crème fraîche
> Saft einer halben Zitrone

Am Vortag die Bouillon zubereiten: Die Blätter von den Dillstängeln abschneiden und beiseite stellen. Die Stängel mit dem Bouquet garni zusammenbinden. Die Querrippe in einen Topf geben und mit 2 Litern Wasser bedecken. Die vorbereitete Zwiebel und das Bouquet garni hinzugeben. Zum Kochen bringen, den Schaum abschöpfen. Mit Salz und Pfeffer würzen. 1 ½ Stunden köcheln lassen.

Das Rindfleisch herausnehmen und die Bouillon abfiltern. Das Fleisch und die Bouillon abkühlen lassen und in den Kühlschrank stellen.

Am nächsten Tag den Borschtsch zubereiten: Aus den Wirsingblättern die großen Blattadern herausschneiden. Die Blätter waschen, abtrocknen und in feine Streifen schneiden. Karotten, Weiße Rübe, Kartoffeln und Rote Bete schälen und grob reiben.

Die Bouillon aus dem Kühlschrank holen und das kalte Fett von der Oberfläche abnehmen. Die Bouillon in einen Kochtopf geben, das geriebene Gemüse und die Wirsingstreifen hinzugeben. Zum Kochen bringen, den Schaum abschöpfen und die Hitze reduzieren. Salzen und 1 ½ Stunden köcheln lassen. Nach einer Stunde Kochzeit die Tomaten zerdrücken und hinzugeben.

In einer Schüssel die Crème fraîche mit dem Zitronensaft verrühren. Die Dillblätter fein hacken. Den Borschtsch in eine Suppenschüssel geben und mit dem Dill bestreuen. Dazu die Crème fraîche servieren.

Kichererbsen gehören zu vielen orientalischen Gerichten. Sie stammen aus dem Mittelmeerraum und werden püriert als Brotaufstrich oder, wie hier, in einer Suppe gebraucht.

Orientalische Suppe

Zubereitung: 15 Min.

Einweichzeit: 12 Std.

Kochzeit: ca. 1 Std.

Für 6 Personen

> 150 g getrocknete Kichererbsen
> 1 mittelgroße Zwiebel
> 3 grüne Stangen Staudensellerie mit den Blättern
> 3 Knoblauchzehen
> 2 EL Olivenöl
> 140 g Tomatenmark
> 500 g Lammhals in Würfeln
> 1 Hühnchenschlegel
> 1 Dose gemahlener Safran
> 1 gestrichener TL gemahlener Ingwer
> 10 schwarze Pfefferkörner
> 1 Chilischote (Piri-Piri)
> ½ Bund frischer Koriander
> ½ Bund glatte (oder krause) Petersilie
> 2 Zitronen
> 150 g Glasnudeln (oder Vermicelle-Reisnudeln)
> 20 g Butter
> Grobes Salz

Die Kichererbsen am Vortag in reichlich Wasser einweichen. Am nächsten Tag abgießen und abspülen.

Die Zwiebel, die Selleriestange und -blätter und die Knoblauchzehen schälen und hacken, dann 2 Minuten lang in einem Topf in Olivenöl anbraten. Das Tomatenmark hinzugeben und 2 Minuten lang untermischen. 1,5 Liter Wasser dazuschütten. Die Kichererbsen, die Lammfleischwürfel, den Hühnerschlegel, den Safran, den Ingwer, den Pfeffer und die in Scheiben geschnittene Piri-Piri-Schote in den Topf geben. Aufkochen lassen und salzen. Sorgfältig mit einem Schaumlöffel abschäumen, die Hitze reduzieren, einen Deckel auf den Topf legen. Eine Stunde köcheln lassen.

Die Fleischstücke mit dem Schaumlöffel herausnehmen. Die Haut vom Hühnerschlegel abziehen. Das Fleisch in kleine Stückchen schneiden. Die Koriander- und Petersilienblätter waschen, abtrocknen und fein hacken. Die Zitrone vierteln. Die fein gehackten Blätter und das Fleisch in den Topf geben. Die Suppe noch einmal aufkochen und die Glasnudeln einrieseln lassen. Umrühren und nach Packungsanweisung für die Nudeln weiter kochen lassen. Die Butter mit einem Schneebesen unterrühren.

Die Suppe in eine Suppenschüssel geben und mit den Zitronenspalten zum Würzen servieren.

Wenn Sie Ihre Gäste beeindrucken wollen, servieren Sie das Gemüse
aufgehäuft in einer Tajine-Form.

Tajine aus Frühlingsgemüse

Zubereitung: 20 Min.

Kochzeit: ungefähr 50 Min.

Für 6 Personen
> 1½ Bund Karotten
> 2 Bund Mairüben
> 800 g kleine neue Kartoffeln, etwa gleich groß
> 1 Bund Frühlingszwiebeln
> 300 g Erbsen, sehr fein
> 1 frische Knolle Knoblauch
> 2 EL Erdnussöl
> 1 EL gemahlener Kreuzkümmel
> ½ TL gemahlener Ingwer
> 4 Safranfäden (oder ½ Päckchen Safranpulver)
> ½ Bund frischer Koriander
> Salz, Pfeffer aus der Mühle

Das Grün von den Karotten und den Mairüben auf etwa 2 cm Länge einkürzen. Die Karotten und die Kartoffeln abbürsten und abspülen. Die Mairüben schälen, nicht kleinschneiden. Von den Zwiebeln die Hälfte der grünen Stängel abschneiden, dann die Zwiebeln schälen und die dicksten der Länge nach halbieren. Die Erbsen abspülen. Die Knoblauchzehen voneinander trennen, jedoch ganz lassen.

Die Zwiebeln in einem Kochtopf auf kleiner Flamme im Öl anbraten. Die Karotten, die Mairüben, die Kartoffeln und die Knoblauchzehen hinzufügen. Mit Kreuzkümmel, Ingwer und Safran bestreuen, salzen und pfeffern. Ein großes Glas Wasser zugeben. Den Topf verschließen und bei schwacher Hitze 40 Minuten köcheln lassen, dabei zwei- oder dreimal umrühren. Nach der halben Kochzeit die Erbsen zugeben.

Die Korianderblätter waschen, trockentupfen und fein hacken. Das Gemüse aus der Flüssigkeit nehmen und auf einem Teller anrichten. Die Flüssigkeit einkochen lassen und über das Gemüse gießen, das Ganze mit Koriander dekorieren. Sofort servieren, zum Beispiel mit einem Fischfilet, das ein paar Minuten im Ofen gegrillt wurde.

Auch Reste lassen sich verwerten: Sie können das restliche Schweinefleisch von diesem Frikassee für gefüllte Kartoffeln oder auch für gefüllten Kohl verwenden.

Schweinefrikassee mit Knoblauch und Walnüssen

Zubereitung: 15 Min.

Kochzeit: 1 Std. 10 Min.

Für 6 Personen

> 800 g Schweinenacken ohne Knochen, in Stücke von etwa 7 cm Länge geschnitten
> ½ TL Paprikapulver, edelsüß
> 6 Knoblauchzehen
> 3 EL Olivenöl
> Kräutersträußchen aus:
  1 Blatt Lorbeer,
  1 Stange Staudensellerie,
  2 Zweigen Thymian und
  2 Zweigen Petersilie
> 150 ml trockener Weißwein
> 200 ml Gemüsebrühe
> 60 g Walnusskerne
> 20 Blätter glatte Petersilie
> 1,5 kg Kartoffeln (Bintje oder eine übliche Sorte)
> 30 g Butter
> 4 EL Nussöl
> 2 EL Traubenkernöl (oder Sonnenblumenöl)
> Salz und Pfeffer aus der Mühle

Die Schweinefleischstücke mit Paprikapulver, Salz und Pfeffer bestreuen. Die Knoblauchzehen schälen, halbieren und die grünen Keime entfernen. 4 Zehen hacken.

Das Olivenöl auf mittlerer Hitze in einem Topf erwärmen. Das Schweinefleisch zusammen mit dem Kräuterstrauß und dem gehackten Knoblauch 5 Minuten lang darin anbraten. Das Fett weggießen.

Den Weißwein in den Topf geben. Aufkochen lassen. Die Gemüsebrühe dazuschütten und noch einmal aufkochen lassen, dann die Temperatur reduzieren. Den Topf verschließen und 1 Stunde kochen lassen.

Den Grill im Backofen vorheizen. Die Walnusskerne auf dem Backblech ausbreiten und rösten. Abkühlen lassen. Die 2 übrigen Knoblauchzehen zusammen mit den Petersilienblättern im Mixer zerhacken, dann die Walnüsse hinzugeben und alles zusammen noch einmal grob hacken.

Die Kartoffeln schälen und in große Stücke schneiden. 15 bis 20 Minuten in Salzwasser kochen lassen. Zum Frikassee 5 Minuten vor Ende der Kochzeit die Knoblauch-Petersilien-Nuss-Mischung und die Butter hinzugeben.

Die Kartoffeln abgießen, pfeffern und mit dem Nuss- und dem Traubenkernöl beträufeln. Mit einer Gabel grob zerdrücken, salzen und zusammen mit dem Schweinefrikassee in einem tiefen, vorgewärmten Teller servieren.

Das Colombo ist ein typisches Currygericht von den Antillen. Dieses hier lässt sich auch mit Zucchini in groben Stücken oder mit roter Paprika in länglichen Streifen zubereiten.

Karibischer Eintopf mit Schweinefleisch und Auberginen

Zubereitung: 15 Min.

Einlegezeit: 1 Std.

Kochzeit: etwa 1 Std. 40 Min.

Für 6 Personen

> > 1,2 kg Schweinefleisch aus der Schulter, in 5 cm große Stücke geschnitten
> > 4 EL Colombo-Gewürzpulver
> > ½ Knoblauchknolle
> > 2 Zwiebeln
> > Saft von 2 grünen Zitronen
> > 4 EL Erdnussöl
> > Kräutersträußchen aus: 5 Zweigen Petersilie, 2 Zweigen Thymian und 2 Lorbeerblättern
> > 750 ml Geflügelbrühe
> > 1 Kartoffel (Bintje oder eine übliche Sorte)
> > 4 längliche Auberginen
> > ½ Bund Schnittlauch
> > Salz und Pfeffer aus der Mühle

Die Schweinefleischstücke in eine Schüssel geben und mit 3 Esslöffeln Colombogewürz einreiben. Die Knoblauchzehen und die Zwiebeln schälen und fein hacken. Das Schweinefleisch mit dem Zitronensaft und 3 Esslöffeln Öl beträufeln. Den Knoblauch, die Zwiebeln und das Kräutersträußchen zugeben. Eine Stunde lang bei Zimmertemperatur ziehen lassen.

Das restliche Öl in einem Topf erhitzen. Das Schweinefleisch darin mit den Zwiebeln und dem Knoblauch 5 Minuten lang anbraten. Salzen, pfeffern und noch einmal 2 Minuten kochen lassen. Mit dem restlichen Colombo-Gewürz bestreuen und 3 Minuten anbräunen. Die Geflügelbrühe, den Zitronensaft und das Kräutersträußchen aus der Marinade hinzugeben. Die Kartoffeln schälen, abspülen, abtrocknen und in kleine Würfel schneiden. Die Kartoffelwürfel in den Topf geben, im geschlossenen Topf 1 ½ Stunden kochen lassen.

Die Auberginen abspülen und abtrocknen, den Stielansatz abschneiden. Die Auberginen in etwa 3 cm dicke Stücke schneiden, diese 30 Minuten vor Ende der Kochzeit in den Topf geben.

Den Schnittlauch abspülen, fein hacken. Die Fleischstücke und die Auberginenstücke herausholen und mit Alufolie abdecken. Das Kräutersträußchen entfernen. Den Bratensaft einkochen, bis er sämig wird.

Fleisch und Gemüse mit dieser heißen Sauce übergießen und mit dem Schnittlauch bestreuen. Sofort servieren.

Die Paprikapfanne ist eine typisch baskische Spezialität, sie heißt *piperade*. Man kann die spanische Chorizo-Wurst durch Würfel von luftgetrocknetem Schinken oder durch gewürfelten Räucherspeck ersetzen.

Schweineragout mit baskischer Paprikapfanne und Chorizo

Zubereitung: 20 Min.

Kochzeit: ungefähr 1 Std.

Für 6 Personen

> 900 g Schweinefleisch aus dem Nacken oder der Schulter, in 5 cm große Würfel geschnitten
> 2 Zwiebeln
> 3 Knoblauchzehen
> 3 grüne Paprika
> 3 rote Paprika
> 2 EL Olivenöl
> ¼ TL Gorria-Chili
> 12 Scheiben Chorizo, je 1 cm dick
> 800 g geschälte Tomaten aus der Dose
> 1 Bouquet garni (s. S. 64)
> 2 Stücke Würfelzucker
> 6 Stängel glatte Petersilie
> Salz

Die Zwiebeln und die Knoblauchzehen schälen und fein hacken. Die Paprika waschen, abtrocknen und vierteln. Die Samenkörner, die weißen Häute und den Stielansatz entfernen, die Viertel der Länge nach in Streifen schneiden.

In einem Kochtopf das Öl erhitzen. Darin das gesalzene und mit Chili gewürzte Schweinefleisch zusammen mit dem Chorizo anbraten.

Das Fleisch aus dem Topf nehmen, in dem Öl die gehackten Zwiebeln und den Knoblauch 2 Minuten lang anbraten. Die Paprikastreifen hinzufügen und unter häufigem Rühren 5 Minuten lang kochen lassen.

Die Tomaten abschütten und in den Topf geben. Das Bouquet garni, den Zucker, das Schweinefleisch und die Chorizo-Scheiben mit der Flüssigkeit, die sie abgegeben haben, hinzugeben. Zudecken und 45 Minuten köcheln lassen, dabei immer wieder umrühren.

Die Petersilie waschen, abtrocknen und die Blättchen abzupfen. Das Ragout in einem tiefen Teller anrichten, mit der Petersilie bestreuen und servieren.

Pastinaken sind ein aromatisches Gemüse von blassgelber Farbe, das wie Mairüben oder Karotten zubereitet wird.

Gebackene Schweineschulter mit Pastinaken

Zubereitung: 20 Min.

Kochzeit: ungefähr 2 Std.

Für 6 Personen

> 1,5 kg frische Schweineschulter mit Knochen
> 3 Karotten
> 3 Zwiebeln
> 2 große Schalotten
> 1 Gewürznelke
> 1 EL Erdnussöl
> 2 Knoblauchzehen
> 1 Bouquet garni (s. S. 64)
> 1 Salbeizweig
> 1,2 kg etwa gleich dicke Pastinaken
> 40 g Butter
> Grobes Salz

Den Ofen auf 210°C vorheizen. Die Karotten, Zwiebeln und Schalotten schälen und halbieren. Die Gewürznelke in eine Zwiebelhälfte stecken. Die Schweineschulter mit dem Öl bestreichen und mit dem groben Salz bestreuen. Zusammen mit den Karotten, Zwiebeln und Schalotten, den Knoblauchzehen und dem Bouquet garni in einen Bräter legen. Den Bräter in den Ofen schieben. Zunächst 15 Minuten bei starker Hitze überkrusten lassen, dann noch 1 Stunde 30 Minuten bei 180°C fertig garen.

Während das Fleisch im Ofen ist, die Salbeiblätter abspülen, trockentupfen und fein hacken. Die Pastinaken schälen, abspülen und je nach Dicke halbieren oder vierteln. Die Pastinakenstücke ungefähr 20 Minuten in kochendem Salzwasser garen. Während der Garzeit des Fleisches mehrmals mit einer Schöpfkelle etwas vom Kochwasser abnehmen und damit den Braten im Ofen übergießen. Den Braten mit dem gehackten Salbei bestreuen und mit seinem Saft übergießen. Das Fleisch 15 Minuten im ausgeschalteten Ofen ruhen lassen.

Die Schweineschulter in Scheiben schneiden, dabei den Saft auffangen. Die Scheiben auf einer Servierplatte anrichten. 150 ml von dem Kochwasser der Pastinaken in den Bräter geben. Den Bratensaft dazugießen, 3 Minuten lang aufkochen und dabei die festgebackene Schicht vom Boden abkratzen. Die Butter in Flocken unterschlagen, die abgetropften Pastinaken in die Sauce geben. Weiter 2 Minuten kochen lassen. Das Bouquet garni entfernen. Die Pastinaken auf der Platte um das Fleisch legen, alles mit Sauce übergießen.

Die roten Linsen kommen aus dem Maghreb, dem Nahen Osten und aus China. In diesem Rezept werden sie mit orientalischen Zutaten kombiniert.

Glasiertes Eisbein mit roten Linsen in Kokosmilch

Zubereitung: 15 Min.

Kochzeit: 4 Std. 15 Min.

Für 6 Personen

> 1 frisches Eisbein, ca. 1,5 kg (beim Metzger vorbestellen)
> 300 g rote Linsen
> 2 Karotten
> 2 Zwiebeln
> 1 Stange Lauch
> 1 grüne Stange Staudensellerie
> 4 Wacholderbeeren
> 2 Gewürznelken
> 10 Körner schwarzer Pfeffer
> 1 Bouquet garni (s. S. 64)
> 2,5 l Geflügelbrühe
> 2 unbehandelte grüne Zitronen
> 50 ml Sojasauce
> 2 EL Akazienhonig
> 6 Zweige frischer Koriander
> 200 ml Kokosmilch
> Salz

Den Ofen auf 150°C vorheizen. Die Karotten, die Zwiebeln, den Lauch und den Sellerie putzen und in Stücke schneiden. Das Gemüse zusammen mit den Wacholderbeeren, den Nelken, den Pfefferkörnern und dem Bouquet garni in einen Bräter geben. Das Eisbein zwischen das Gemüse legen und vollständig mit Brühe bedecken. Bei schwacher Hitze auf dem Herd aufkochen. Salzen und den Schaum abschöpfen. Den Bräter schließen und 4 Stunden lang in den Ofen stellen.

Nach 4 Stunden das Eisbein auf eine feuerfeste Servierplatte legen. Durch ein Sieb 1 Liter der Brühe aus dem Bräter in einen Kochtopf gießen, sie wird später für die Linsen gebraucht. Die übrige Brühe bis auf 2/3 der Menge einkochen lassen.

Den Grill im Backofen vorheizen. Von einer der Zitronen Zesten abschälen und den Saft auspressen. Beides zusammen mit der Sojasauce, dem Honig und der eingekochten Brühe mischen. Das Eisbein damit bestreichen. Unter dem Grill etwa 10 Minuten lang glasieren.

Die Korianderblätter fein hacken. Die Brühe im Kochtopf zum Kochen bringen und die Linsen darin 4 Minuten kochen lassen. Die Linsen abgießen und in einen Topf mit der Kokosmilch geben. Mit dem Saft der zweiten Zitrone beträufeln. Alles bei schwacher Hitze kurz umrühren. Das Eisbein mit den Korianderblättern bestreuen und zusammen mit den Linsen in Kokosmilch servieren.

Für dieses Sauerkrautgericht braucht man einen großen Bräter aus Gusseisen, damit Sauerkraut und Fleisch zusammen garen können.

Sauerkraut mit geräuchertem Fleisch

Zubereitung: 15 Min.

Kochzeit: 3 Std.

Für 6 Personen

> 2 kg rohes Sauerkraut
> 1 Speckschwarte von der Größe des Bräters (beim Metzger vorbestellen)
> ½ geräucherte Schweineschulter
> 1 geräucherte Schweinebacke (oder ein geräuchertes Eisbein)
> 400 g geräucherten Schweinespeck am Stück, mit der Schwarte
> 2 Saucisses de Morteau (grobe geräucherte Mettwurst)
> 12 Frankfurter Würste
> 12 Wacholderbeeren
> 80 g Schmalz (oder 3 EL Erdnussöl)
> ½ Flasche Weißwein (Riesling), entspricht ca. 370 ml
> 12–15 mittelgroße, festkochende Kartoffeln (z.B. Amandine)

Boden und Wände eines großen Bräters mit der Schweineschwarte auslegen, mit der Haut nach unten.

Das Sauerkraut abspülen: zuerst mit kochendem Wasser bedecken, dann abtropfen lassen und schließlich noch einmal in einen weiteren Behälter mit heißem Wasser tauchen. Mit einer Gabel aus dem heißen Wasser holen. Die Hälfte davon in den Bräter legen, darauf 6 Wacholderbeeren, die Schulter und die Backe vom Schwein, das Stück Speck und die Mettwürste. Mit der anderen Hälfte des Sauerkrauts bedecken, dabei das Sauerkraut etwas auseinanderzupfen. Mit den restlichen Wacholderbeeren bestreuen. Darüber den Schmalz in kleinen Flocken verteilen.

Den Wein und 200 ml kaltes Wasser dazugießen. Den Bräter auf mittlerer Hitze erwärmen. Sobald die Flüssigkeit kocht, die Hitze reduzieren, den Bräter verschließen und 3 Stunden lang köcheln lassen. Die Kartoffeln schälen und nach der halben Kochzeit auf das Sauerkraut legen.

Am Ende der Kochzeit 1 Liter Wasser zum Kochen bringen. Den Topf vom Feuer nehmen und die Frankfurter Würstchen kurz hineingeben, um sie zu erwärmen. Dabei den Topf wieder verschließen.

Die geräucherten Fleischstücke in Scheiben schneiden, die Mettwurst in Stücke. Die Kartoffeln im Kreis auf einer Platte anrichten, das Sauerkraut in der Mitte platzieren. Die Fleisch- und Wurststücke darauflegen. Die Frankfurter Würstchen ebenfalls auf das Sauerkraut legen. Mit verschiedenen Senfsorten servieren.

Dieses Gericht wird mit zwei Spezialitäten aus dem Jura zubereitet: dem Savagnin, einem Weißwein mit einem charakteristischen Nuss-Aroma, und mit der Saucisse de Morteau, einer geräucherten Mettwurst. Beide sind ideal für dieses Gericht, doch eignen sich auch ein anderer trockener Weißwein und eine grobe geräucherte Mettwurst.

Grobe Mettwurst mit Weißweinsauce

Zubereitung: 15 Min.

Kochzeit: ungefähr 2 Std.

Für 6 Personen

> 2 dicke, grobe geräucherte Mettwürste (Saucisses de Morteau)
> 2 große Zwiebeln
> 1 EL Erdnussöl
> 2 Knoblauchzehen
> 1 kg festkochende Kartoffeln (Roseval oder Amandine)
> 2 Weiße Rüben
> 4 mittelgroße Karotten
> 500 g Steinpilze (tiefgefroren)
> 12 Körner schwarzer Pfeffer
> 300 g geräucherter Speck am Stück
> 1 Bouquet garni, dazu 2 Stängel Liebstöckel oder Staudensellerie
> 300 ml Savagnin (ein herber Weißwein)
> 500 ml Gemüsebrühe
> 200 g Mehl
> Grobes Salz

Die Zwiebeln schälen und hacken, dann in einem großen Bräter 2 Minuten lang in Öl anschmoren, danach vom Feuer nehmen.

Den Ofen auf 150°C vorheizen.

Die Knoblauchzehen schälen und kleinhacken. Die Kartoffeln und die Weißen Rüben schälen und halbieren. Die Karotten schälen und in dicke Scheiben schneiden. Den Knoblauch, das Gemüse, die Pilze und die Pfefferkörner in den Bräter geben. Die Würste und das Stück Speck unter dem Gemüse begraben. Das Bouquet garni oben auf das Gemüse legen. Den Wein und die Gemüsebrühe dazugießen. Je nach Größe des Bräters sollte die Flüssigkeit das Gemüse knapp bedecken, aber nicht so hoch reichen, dass sie im Ofen überkochen könnte. Sparsam salzen, die Würste sind schon salzig.

In einer Schale das Mehl mit 100 bis 150 ml Wasser vermischen, um eine knetbare Masse zu erhalten. Aus dem Teig eine Wurst formen und den Rand zwischen Deckel und Bräter damit abdichten.

Den Bräter in den Ofen schieben und 2 Stunden garen lassen.

Nach dem Herausnehmen aus dem Ofen den Teigrand zerbrechen. Das Bouquet garni entfernen. Die Würste und den Speck herausnehmen und in Scheiben schneiden. In den Bräter zurücklegen und diesen direkt auf den Tisch stellen um Ihre Gäste zu bewirten.

Statt der Penne können Sie auch andere Nudeln nehmen, Tagliatelle, Spaghetti, Farfalle oder Fusilli; bleiben Sie aber bei derselben Menge Wasser, um sie zu kochen (normalerweise 1 Liter auf 100 g Nudeln).

Penne mit Chipolata und Fenchel

Zubereitung: 15 Min.

Kochzeit: etwa 1 Std.

Für 6 Personen

> 12 Chipolata-Würste
> 600 g Penne
> 2 mittelgroße Zwiebeln
> 2 Knoblauchzehen
> 4 EL Olivenöl
> 1 gestrichener EL getrocknete Fenchelkörner
> 150 ml trockener Weißwein
> 800 g geschälte Tomaten (in der Dose)
> 1 Döschen Safranpulver
> 100 g geriebener Parmesan
> Grobes Salz
> Salz und Pfeffer aus der Mühle

Die Chipolatas häuten und in dünne Scheiben schneiden. Die Zwiebeln schälen und fein hacken. Die Knoblauchzehen schälen und den grünen Keim entfernen. Mit einer Knoblauchpresse zerdrücken.

Bei mittlerer Hitze 1 Esslöffel Öl in einer Pfanne erhitzen. Die Wurstscheiben und die Fenchelkörner darin 10 Minuten anbräunen, bis sie durchgebraten sind. Die gehackten Zwiebeln hinzugeben und 2 Minuten unterrühren. Mit Weißwein ablöschen und aufkochen. Die Tomaten dazugeben und mit Safran bestreuen. Den Knoblauch unterrühren, salzen und pfeffern. Die Pfanne zur Hälfte bedecken und 40 Minuten lang köcheln lassen.

Die Penne nach Packungsanweisung zubereiten, am Anfang der Kochzeit umrühren.

Die Penne abgießen und in eine große, angewärmte Schüssel geben. Pfeffern und mit dem übrigen Olivenöl beträufeln. Die Chipolata-Sauce darübergeben und energisch durchmischen. Den geriebenen Parmesan dazu in einer Extraschüssel servieren.

Der Kalbsfuß macht den Bratensaft sämig. Er ist jedoch nicht unbedingt nötig, der Bratensaft kann auch flüssiger bleiben.

Rind mit Karotten, Ingwer und Kumquats

Zubereitung: 25 Min.

Kochzeit: 4 Std. 30 Min.

Für 6 bis 8 Personen

> 1,6 kg Rinderbug oder Fehlrippe, zum Braten gebunden
> 1 Ochsenschwanz, in Stücke geschnitten und zusammengebunden
> 1 halbierter Kalbsfuß (beim Metzger vorbestellen)
> 1 EL Speiseöl
> 2 Zwiebeln
> 2 Stangen Lauch
> 1 Bouquet garni (s. S. 64)
> 500 ml trockener Weißwein
> 2,5 kg mittelgroße Karotten
> 5 cm Ingwerwurzel
> 20 Kumquats
> 12 Stängel glatte Petersilie
> Salz, Pfeffer aus der Mühle

In einem großen Bräter bei schwacher Hitze das Öl erwärmen, dann das Rinderbug und den Ochsenschwanz von allen Seiten 20 Minuten lang anbraten. Den Kalbsfuß hinzugeben und die Hitze reduzieren.

Die Zwiebeln schälen und halbieren. Die Lauchstangen schälen und bis zur Mitte des grünen Teils einschneiden, dann verschnüren. Lauch und Zwiebeln in den Bräter geben, sowie auch das Bouquet garni. Salzen und pfeffern. Den Weißwein hinzugeben, dann mit Wasser auffüllen, bis die Zutaten 1 Zentimeter hoch bedeckt sind. Zudecken und 3 Stunden lang köcheln lassen.

Karotten und Ingwer schälen und in feine Scheiben schneiden. Die Kumquats schälen, abtupfen, auch in feine Scheiben schneiden, dabei die Kerne herausnehmen. Die Karotten-, Ingwer- und Kumquatscheiben zum Rindfleisch geben. Den Deckel auf den Bräter legen und noch eine Stunde köcheln lassen.

Die Petersilie abspülen, trockentupfen und fein hacken. Die Fleischstücke aus dem Bräter nehmen. Aus dem Ochsenschwanz und dem Kalbsfuß die Knochen auslösen, beides in kleine Stücke schneiden, den Rinderbug aufschneiden.

Die Fleischstücke in einem tiefen Teller mit den Karotten anrichten. Die Zwiebeln, den Lauch und das Bouquet garni aus dem Bräter nehmen und den Bratensaft aufkochen. Den Bratensaft über den Teller gießen und alles mit der gehackten Petersilie bestreuen.

Dieses Gulasch können Sie auch im Ofen (3 Stunden bei 150° C) garen lassen, wenn Sie dabei den Deckel mit einem Teig aus Mehl und Wasser abdichten.

Rindergulasch mit Orange

Zubereitung: 20 Min

Einlegezeit: 12 Std.

Kochzeit: 3 Std. 50 Min.

Für 6 Personen

> 1,5 kg Fehlrippe vom Rind
> 1 Flasche Rotwein
> 500 ml Weißwein
> 2 Karotten
> 2 Schalotten
> 1 ganze Knoblauchknolle
> 1 unbehandelte Orange
> 2 geschälte Zwiebeln, jede mit einer Gewürznelke gespickt
> 1 Bouquet garni (s. S. 64)
> 2 EL Weinessig
> 10 Körner schwarzer Pfeffer
> 60 g getrocknete Steinpilze
> 2 EL Olivenöl
> 250 g Schinkenspeck in Würfeln
> 1 Schwarte
> Grobes Salz
> Pfeffer aus der Mühle

Für die Beilage

> 100 g vorgekochte Polenta
> 2 EL Olivenöl
> 120 g geriebenen Parmesan
> Salz

Das Rindfleisch am Vortag in 4 Zentimeter große Würfel schneiden und in den Rotwein und den Weißwein einlegen. Karotten und Schalotten schälen und klein hacken. Die Knoblauchknolle halbieren. Die Orangenschale in Zesten abschälen, den Orangensaft auspressen. Karotten, Schalotten, Knoblauch, Saft und Zesten der Orange, Zwiebeln, das Bouquet garni, Essig und Pfefferkörner hinzugeben. Mit grobem Salz bestreuen und in den Kühlschrank stellen.

Am nächsten Tag die Steinpilze 30 Minuten in lauwarmem Wasser einweichen. Fleischwürfel abgießen, dabei die Marinade auffangen. In einem eingeölten Bräter die Rindfleischstücke mit den Speckwürfeln 10 Minuten lang anbraten, dann aus dem Bräter nehmen. Die Gewürze aus der Marinade kurz im Öl anbraten.

Den Bräter vom Feuer nehmen, seinen Boden mit der Schwarte auslegen, die Hautseite nach unten. Die Rindfleischwürfel, die Gewürze und die abgetropften Pilze daraufgeben. Die Flüssigkeit der Marinade daraufgießen, salzen pfeffern, den Bräter verschließen und 3 Stunden 30 Minuten garen lassen.

500 ml Salzwasser zum Kochen bringen. 1 Esslöffel Öl hineingeben und die Polenta hineinschütten. 3 Minuten lang umrühren. Die Polenta auf ein Brett gießen und in Dreiecke schneiden. Die Dreiecke in einer Pfanne anbraten, mit Parmesan bestreuen und im Ofen überbacken.

Aus dem Bräter das Bouquet garni herausnehmen und das Fett vom Bratensaft abschöpfen.

Statt des relativ teuren Rinderfilets können Sie auch Rindfleisch aus der Nuss oder ein Stück aus der Lammkeule nehmen.

Bœuf à la ficelle mit Frühlingsgemüse

Zubereitung: 20 Min.

Kochzeit: 3 Std. für die Bouillon + etwa 25 Min. für das Rezept

Für 6 Personen

Für die Rinderbouillon

> 1 kg Rinderbug am Stück (oder Querrippe)
> 2 Zwiebeln
> 2 Karotten
> 2 Lauchstangen
> 2 Gewürznelken
> 1 Bouquet garni (s. S. 64), mit einer Stange Staudensellerie zusammengebunden

Für das Bœuf a la ficelle

> 6 Rinderfilets von je 180 g, jedes pariert und für Bœuf à la ficelle geschnürt
> 6 Karotten mit Kraut
> 6 weiße Rüben mit Kraut
> 6 Stangen Frühlingslauch
> 6 Stangen Staudensellerie, davon die zarten inneren Stiele mit gelben Blättern
> Fleur de Sel (Meersalz)
> Mignonette (Mischung aus grob zerstoßenem schwarzem und weißem Pfeffer)

Am Vortag die Rinderbouillon zubereiten: Die Zwiebeln, die Karotten und die Lauchstangen schälen. Die Zwiebeln mit den Gewürznelken spicken. Die Lauchstangen halbieren und zu einem Bund binden. Das Stück Rinderbug mit 3 Litern kaltem Wasser in einen Kochtopf geben und langsam bei schwacher Hitze zum Kochen bringen. Den Schaum abschöpfen, das Gemüse und das Bouquet garni in die Brühe geben. Nicht würzen. 3 Stunden lang garen lassen. Fleisch und Gemüse aus der Brühe heben. Die Bouillon abkühlen lassen und durch ein Sieb geben. Die Brühe bis zum nächsten Tag im Kühlschrank aufbewahren. Am nächsten Tag das hart gewordene Fett von der Oberfläche abnehmen. 1,5 Liter der Bouillon für das Boeuf à la ficelle verwenden, den Rest einfrieren.

Für das Boeuf à la ficelle die Karotten abschaben. Weiße Rüben, Lauchstangen und Selleriestangen schälen. Das Gemüse in etwa 6 Zentimeter lange Streifen schneiden. Die Rinderbouillon langsam zum Kochen bringen, salzen, pfeffern und die Gemüsestreifen zugeben. Vom Zeitpunkt des Aufkochens an 5 bis 10 Minuten köcheln lassen. Die Bouillon noch einmal aufkochen und die Rinderfilets hineingeben. Nach 6 Minuten sind sie englisch, nach 10 Minuten sind sie »medium«.

Das Fleisch und das Gemüse auf einem heißen Teller anrichten. Die Bouillon in einer Terrine dazu servieren. In kleinen Schüsselchen Meersalz (Fleur de Sel) und eine Mischung aus grob gestoßenem schwarzem und weißem Pfeffer und verschiedene Senfsorten dazu sortieren, außerdem geröstete Brotscheiben.

Für dieses Gericht werden die Spaghetti mit der Sauce warm serviert, das Rindfleisch dagegen kalt.

Spaghetti in Bratensaft

Zubereitung: 20 Min.

Kochzeit: ca. 2 Std. 30 Min.

Für 6 Personen

> 600 g Spaghetti

> 1 kg Lagerzwiebeln

> 4 EL Olivenöl

> 1 Stück Rindfleisch aus der Oberschale (1 kg), vom Metzger pariert und zum Braten geschnürt

> 1 Karotte

> 1 kleine Stange Staudensellerie mit Blättern

> 1 große Tomate

> 2 Sträußchen glatte Petersilie

> 1 Kartoffel

> 500 g grüne Bohnen

> 1 Romana-Salat

> 3 Bund Frühlingszwiebeln (oder ½ Bund Schnittlauch und eine weiße Zwiebel)

> 100 g geriebener Parmesan

> Salz, Pfeffer aus der Mühle

Für die Vinaigrette

> 6 EL Olivenöl

> 2 EL Sherry-Essig

> 1 TL Balsamico-Essig

> Salz, Pfeffer aus der Mühle

Die Zwiebeln schälen und fein hacken. In einem Bräter das Öl auf kleiner Flamme erwärmen. Die Zwiebeln und das Fleisch darin 40 Minuten anbraten. Die Karotte und den Sellerie mit den Blättern schälen und fein hacken. Die Tomate überbrühen, die Schale abziehen und die Kerne entfernen.

Die Karotte, den Sellerie, die Tomate und die Petersilie in den Bräter geben. Salzen, pfeffern. 15 Minuten lang köcheln lassen. Ein wenig Wasser zugeben, den Bräter schließen und noch einmal 1 Stunde 30 Minuten köcheln lassen, währenddessen immer wieder Wasser zugeben (1 l insgesamt). Die Kartoffel schälen und in kleine Stücke schneiden. Nach der halben Kochzeit in den Bräter geben.

Das Fleisch aus dem Bräter nehmen. Die Sauce durch eine flotte Lotte in einen Topf passieren und auf kleiner Flamme erwärmen.

Das Fleisch in feine Scheiben schneiden. Die grünen Bohnen entfädeln und 8 Minuten lang in kochendes Salzwasser tauchen. Den Salat waschen und abtropfen lassen. Die Frühlingszwiebeln schälen und sehr fein hacken.

Für die Vinaigrette alle Zutaten in einer Schüssel vermischen. Die eine Hälfte der Vinaigrette und der Frühlingszwiebeln an den Romana-Salat geben, die andere Hälfte an die grünen Bohnen.

Die Spaghetti kochen. Wenn sie gar sind, in eine Schüssel geben und mit der heißen Sauce übergießen. Zusammen mit dem Rindfleisch und Parmesan servieren.

Kalbsfrikassee in weißer Sauce – *Blanquette de veau* – ist ein traditionelles französisches Gericht, das hier neu interpretiert wird. Dazu passen Gemüse-Tagliatelle: Mit einem Sparschäler dünne Streifen von Karotten und Zucchini abschälen, diese wie Tagliatelle einige Minuten in heißem Wasser oder im Dampf garen.

Kalbsfrikassee in weißer Sauce mit Zitronengras

Zubereitung: 25 Min.

Kochzeit: ca. 1 Std. 25 Min.

Für 6 Personen

> 1,5 kg Kalbfleisch aus der Schulter und ein Kalbsknochen
> 1 große Zwiebel
> 2 mittelgroße Karotten
> 3 Stängel frisches Zitronengras (oder 2 EL getrocknetes Zitronengras)
> 1 Bund frischer Koriander
> 50 g Butter
> 1 TL Sesamöl (oder Erdnussöl)
> 400 g Champignons
> 1 EL Kartoffelstärke
> 200 ml Crème fraîche
> Saft von einer halben Limette
> Salz, Pfeffer aus der Mühle

Die Zwiebel und die Karotten schälen und in Scheiben schneiden. Das Zitronengras abspülen und trockentupfen. Die Stängel in Scheiben schneiden und die saftige Basis der Blätter zerdrücken. Den Koriander waschen und fein hacken.

In einem Bräter 30 g Butter zusammen mit dem Sesamöl schmelzen lassen. Die Kalbfleischstücke, den Knochen, die Zwiebeln, die Karotten und das Zitronengras hineingeben. Salzen, pfeffern, durchrühren. Den Bräter verschließen und 15 Minuten lang köcheln lassen, dabei mindestens zweimal umrühren. Mit Wasser bis zur Höhe des Kalbfleischs auffüllen. Zum Kochen bringen, den Schaum abschöpfen, dann die Hitze reduzieren. Den Deckel halb auf den Bräter legen und alles 45 Minuten lang köcheln lassen.

Von den Champignons die Stielenden abschneiden, die Pilze abspülen und trockentupfen, halbieren oder vierteln. Die Pilze in der restlichen Butter 10 Minuten lang in einer Pfanne anbräunen; salzen und pfeffern.

Die Kalbsfleischstücke aus dem Bräter nehmen und den Knochen entfernen. Den Bratensaft durch ein Sieb schütten und zurück in den Bräter geben. Die Kartoffelstärke in etwas Bratensaft auflösen und in die restliche Sauce einrühren, dann die Crème fraîche dazugeben. Ungefähr 10 Minuten lang einkochen lassen. Das Kalbfleisch und die Pilze hinzugeben. Aufkochen und mit dem Limettensaft abschmecken.

Kalbsbrustschnitten sind ideal für langsames Garen: Sie haben ein zartes und saftiges Fleisch von schöner rosa Farbe.

Kalbsbrustschnitten mit Zitrusfrüchten

Zubereitung: 20 Min.

Kochzeit: 1 Std. 25 Min.

Für 6 Personen

> 6 Kalbsbrustschnitten, jede ca. 250 g
> 6 Schalotten
> 1 Staudensellerie, davon die zarten, gelben, inneren Blätter
> 1 unbehandelte Limette
> 1 unbehandelte Pampelmuse
> 1 unbehandelte Orange
> 6 Lauchstangen, davon den weißen Teil
> 2 EL Olivenöl
> 1 Kräutersträußchen aus: 2 Stängeln glatter Petersilie, 2 Lorbeerblättern, 1 Stängel Rosmarin, 2 Stängeln Thymian
> 100 ml Weißwein
> 300 ml Gemüsebrühe
> 10 Stängel glatte Petersilie
> Salz, Pfeffer aus der Mühle

Schalotten und Sellerie schälen und hacken. Von der Limette, der Pampelmuse und der Orange Zesten abschälen, dann die Früchte auspressen. Die weißen Teile des Lauchs der Länge nach aufspalten und waschen. In ca. 6 Zentimeter lange Stücke schneiden.

Das Olivenöl bei mittlerer Hitze in einem Bräter erhitzen. Darin 10 Minuten lang die Kalbsbrustscheiben anbräunen, dann von beiden Seiten salzen und pfeffern, aus dem Bräter nehmen und auf einem Teller ablegen.

In dem Bräter die Zwiebeln, den Sellerie, die Lauchstücke und das Kräutersträußchen 5 Minuten lang anbraten, dabei gut durchrühren. Mit dem Weißwein und der Gemüsebrühe ablöschen, aufkochen lassen, dann die Hitze reduzieren. Die Kalbsschnitten auf das Gemüse legen und mit den Zitrus-Zesten bestreuen. Auch den Saft der Kalbsschnitten vom Teller in den Bräter schütten. Den Bräter verschließen und 1 Stunde köcheln lassen.

Kalbsschnitten und Gemüse aus dem Bräter nehmen, auf einen Teller legen und mit Alufolie abdecken. Den Saft der Zitrusfrüchte in den Bräter geben, aufkochen lassen und zu einem Sirup einkochen.

Mit dem Sirup die Kalbsbrustschnitten übergießen, dann mit der gewaschenen und gehackten Petersilie bestreuen. Zu diesem Gericht passen Tagliatelle oder Karottenstifte, die in Wasser oder Dampf gegart wurden.

Das Kalbskeulenstück aus der Unterschale heißt auch Schwanzstück.
Es empfiehlt sich, es beim Metzger im Voraus zu bestellen.

Kalbskeule wie bei Großmutter

Zubereitung: 20 Min.

Kochzeit: 1 Std. 50 Min.

Für 6 Personen

> 1,2 kg Kalbfleisch aus der Unterschale, pariert und zum Braten gebunden, dazu die Reststücke, die beim Parieren abfallen, und 1 Kalbsknochen

> 2 mittelgroße Zwiebeln

> 2 mittelgroße Karotten

> 2 EL Erdnussöl

> 4 Knoblauchzehen

> 2 Zweige Thymian

> 50 g Butter

> Meersalz (Fleur de Sel)

Für die Beilage nach Großmutterart

> 2 mittelgroße Zwiebeln

> 1 kg Kartoffeln (Charlotte oder Roseval, festkochend)

> 400 g mittelgroße Champignons

> 3 EL Erdnussöl (oder Sonnenblumenöl)

> 150 g geräucherte Schinkenspeckwürfel

> Meersalz, Pfeffer aus der Mühle

Die Zwiebeln und Karotten schälen und halbieren. Den Kalbsbraten von allen Seiten mit Salz einreiben. Das Öl bei mittlerer Hitze in einem Bräter erwärmen und darin den Kalbsbraten 10 Minuten lang anbraten. Die Zwiebeln und die Karotten, die ungeschälten Knoblauchzehen, den Thymian, das Restfleisch und den Knochen zugeben. Den Bräter verschließen und 1 Stunde köcheln lassen, dabei den Braten mehrmals wenden.

Für die Beilage die Zwiebeln schälen und hacken. Die Kartoffeln schälen, in Scheiben schneiden und in eine Schüssel mit kaltem Wasser geben. Dann aus dem Wasser nehmen, abtropfen lassen und mit Küchenpapier abtupfen. Von den Champignons die Stielenden abschneiden. Die Pilze unter kaltem Wasser abspülen, trocknen lassen und vierteln.

In einer Pfanne Öl bei starker Hitze erwärmen. Darin die Speckwürfel mit den Zwiebeln und den Pilzen 10 Minuten lang anbraten, dabei regelmäßig umrühren. Die Hitze reduzieren und die Kartoffeln hinzufügen. Salzen, pfeffern und 5 Minuten lang durchrühren. Den Deckel halb über die Pfanne legen, 25 Minuten lang kochen. Dabei immer wieder umrühren.

Den Kalbsbraten aus dem Bräter nehmen, die Fleischreste, den Knochen und den Thymian entfernen. Für die Sauce den Bräter auf große Flamme stellen und 100 ml Wasser zugeben. Den Saft aufkochen und dabei den angekochten Satz vom Boden kratzen. Die Butter in kleinen Flocken zugeben und mit dem Schneebesen unterrühren. Die Sauce in eine Sauciere geben, den Kalbsbraten in Scheiben schneiden und inmitten der Beilage servieren.

Für das Clafoutis die Zucchini sehr fein schneiden, denn wenn die Zucchinischeiben zu dick geschnitten sind, ziehen sie Wasser.

Kalbsbraten mit Zucchini-Clafoutis

Zubereitung: 20 Min.

Kochzeit: ca. 1 Std. 45 Min.

Für 6 Personen

Für den Kalbsbraten
> 1 Kalbsbraten aus der Schulter, etwa 1,2 kg, und ein Kalbsknochen
> 4 Schalotten
> 2 Zwiebeln
> 6 Knoblauchzehen
> 1 große Tomate
> 2 EL Olivenöl
> 1 Bouquet garni (s. S. 64)
> 100 ml Marsala (oder Madeira)
> 30 g Butter
> Salz, Pfeffer aus der Mühle

Für das Zucchini-Clafoutis
> 6 kleine Zucchini (oder 4 mittlere)
> 10 Blätter Sauerampfer
> 300 ml Vollmilch
> 150 ml flüssige Sahne
> 3 Eier
> 80 g geriebener Parmesan
> Muskatnuss
> 1 EL Olivenöl
> Salz, Pfeffer aus der Mühle

Die Schalotten und die Zwiebeln schälen, die Zwiebeln halbieren. Die Schalotten ganz lassen und die Knoblauchzehen ungeschält. Die Tomate halbieren.

In einem Bräter 2 EL Öl bei mittlerer Hitze erwärmen. Den Kalbsbraten und den Kalbsknochen ungefähr 10 Minuten anbraten. Salzen, pfeffern, die Schalotten, die Zwiebeln, den Knoblauch, die Tomate und das Bouquet garni hinzugeben. Die Hitze reduzieren und 1 Stunde köcheln lassen.

Den Ofen auf 180°C vorheizen. Für das Clafoutis die Zucchini abwaschen und abtrocknen. Die ungeschälten Zucchini in feine Scheiben schneiden. Den Sauerampfer waschen und abtrocknen, dann fein hacken. In einer Schüssel die Milch, die Sahne, die Eier, den geriebenen Parmesan und den gehackten Sauerampfer geben. Mit ein wenig Muskat würzen, salzen, pfeffern.

Eine Auflaufform einfetten. Darin die Zucchinischeiben aufrecht aneinanderstellen. Den flüssigen Teig darübergießen. Im Ofen 35 Minuten lang backen.

Den Kalbsbraten aus dem Bräter nehmen, den Knochen und das Bouquet garni entfernen. Den Bräter wieder auf den Herd stellen und auf höchster Stufe erhitzen. Den Marsala hineinschütten und aufkochen, 100 ml Wasser dazugeben, die festgebackene Sauce vom Boden des Bräters lösen. Noch einmal 2 Minuten lang aufkochen. Die Butter in Flocken mit dem Schneebesen unterrühren.

Den Kalbsbraten in Scheiben schneiden. Mit dem Saft und den Gewürzen übergießen. Dazu den Clafoutis noch warm servieren.

Dieses Gericht muss man am Vorabend zubereiten, damit es von selbst geliert, ohne dass man Gelatine zugibt.

Lammsülze mit eingelegten Zitronen

Zubereitung: 15 Min.

Kühlzeit: 12 Std.

Garzeit: 1 Std. 15

Für 6 Personen

> 600 g Lammschulter mit Knochen, in Stücke von 60 g geschnitten
> 6 Stücke Lammhals, je 60 g
> 2 große Zwiebeln
> 100 ml Olivenöl
> 1 Portion Safranpulver
> 1 TL Ingwerpulver
> 2 eingelegte Zitronen (im Glas in der Spezialitätenabteilung oder einzeln in Feinkostgeschäften)
> 20 violette Oliven (oder schwarze)
> 1 Sträußchen Koriander
> Salz, Pfeffer aus der Mühle

Am Vorabend die Zwiebeln schälen und reiben. 30 ml Öl in einem Bräter bei mittlerer Hitze erwärmen. Die Fleischstücke 5 Minuten lang darin anbraten. Die Zwiebeln dazugeben, 5 Minuten lang umrühren. Mit Safran und Ingwer bestreuen. Salzen und pfeffern, ein großes Glas Wasser dazugeben und alles aufkochen, dann die Hitze reduzieren. Zudecken und 1 Stunde lang köcheln lassen.

Die eingelegten Zitronen vierteln. Das bittere Fruchtfleisch herauskratzen und nur die Schale zurückbehalten, diese in kleine Würfel schneiden. Die Oliven entkernen. Den Koriander waschen, abtrocknen und fein hacken. Die Zitronenstücke und den Koriander 10 Minuten vor Ende der Kochzeit in den Bräter geben.

Die Lammstücke aus dem Bräter nehmen, abkühlen lassen und in Stücke schneiden, dabei alle Knochen herausschneiden.

Den Bratensaft im Bräter wieder stark erhitzen, bis er leicht sämig wird. Den Bräter vom Feuer nehmen, das Fleisch und die Oliven hineingeben. Umrühren und alles in eine Schüssel schütten. Abkühlen lassen und die Schüssel in den Kühlschrank stellen.

Das kalte Lamm in der Schüssel servieren, dazu einen Salat oder Zucchini mit Kräuterfüllung.

Wenn Sie für dieses Rezept neue Kartoffeln nehmen, brauchen Sie sie nicht zu schälen: Die Schale ist sehr dünn, es reicht, wenn man sie mit der Schneide des Messers nur leicht abschabt.

Kartoffelauflauf mit Lammkotelett in Thymian

Zubereitung: 20 Min.

Kochzeit: ca. 1 Stunde

Für 6 Personen

> 6 Stielkoteletts vom Lamm
> 1,8 kg neue Kartoffeln
> 2 große Zwiebeln
> 3 Knoblauchzehen
> 2 EL Olivenöl
> 6 Thymianzweige
> 500 ml Geflügelbouillon
> 30 g Butter
> Salz, Pfeffer aus der Mühle

Den Ofen auf 190°C vorheizen. Die Zwiebeln schälen und hacken. Den Knoblauch schälen und durch eine Knoblauchpresse drücken.

Die Stielkoteletts salzen und pfeffern. Das Öl in eine Pfanne geben, die Koteletts darin bei starker Hitze von jeder Seite eine Minute lang mit dem Thymian anbraten. Das Fleisch aus der Pfanne nehmen, stattdessen die Zwiebeln und den gepressten Knoblauch hineingeben. Drei Minuten lang unter Rühren anbraten, dann herausnehmen.

In einem Kochtopf die Geflügelbrühe aufkochen. Mit einer Kelle davon die Pfanne ablöschen, den Bratensatz loskratzen und alles zurück in die Geflügelbrühe gießen.

Die Kartoffeln schälen, waschen, abtrocknen und in sehr feine Scheiben schneiden. Die Zwiebeln, den Knoblauch, die Thymianzweige auf dem Boden eines Bräters verteilen. Mit der Hälfte der Kartoffelscheiben bedecken, salzen und pfeffern. Darauf die Lammkoteletts legen, mit der anderen Hälfte der Kartoffelscheiben bedecken. Mit der Bouillon übergießen: Die Flüssigkeit sollte etwa 1 Zentimeter unterhalb der obersten Kartoffeln stehen. Darüber die Butter in Flocken verteilen.

Den Bräter ohne Deckel in den Ofen schieben und 50 Minuten lang garen. Die obersten Kartoffeln sollten knusprig sein. Andernfalls mit dem Grill des Ofens ein paar Minuten lang nachbräunen. Im Bräter direkt aus dem Ofen servieren.

Wenn Sie keine Quitten mögen, ersetzen Sie sie durch Birnen, die noch ein wenig hart sind. Diese kommen nach der Hälfte der Kochzeit zum Lamm.

Mariniertes Lamm mit Quitten

Zubereitung: 15 ((25)) Min.

Kochzeit: ca. 1 Std. 30 Min.

Für 6 Personen

> 1,2 kg Lammfleisch aus der Schulter, in Stücke von 60 g geschnitten
> 3 Quitten
> 6 EL Olivenöl
> 3 große Zwiebeln
> 1 Zimtstange
> 3 cm Ingwerwurzel
> 1 Tütchen Safranpulver (0,1g)
> 2 Tütchen Macis (Muskatblüte), oder ¼ TL geriebene Muskatnuss
> 2 TL gemahlener Zimt
> 6 EL Akazienhonig
> 5 Zweige Koriander
> 30 g Butter
> Salz, Pfeffer aus der Mühle

Quitten in sechs Spalten teilen, schälen und 10 Minuten in kochendem Wasser ziehen lassen. In einem Bräter auf großer Flamme 2 Esslöffel Öl erhitzen. Darin die gesalzenen und gepfefferten Lammstücke etwa 10 Minuten lang anbraten. Die Quitten abgießen, das Kochwasser auffangen, 300 ml davon über das Lamm gießen.

Die Zwiebeln schälen, grob reiben und in den Bräter geben, zusammen mit der Zimtstange, dem geschälten und in Scheiben geschnittenen Ingwer, dem Safran, der Muskatblüte und dem restlichen Öl. Umrühren, dabei den Bratensatz lösen. Die Quittenspalten dazulegen. Den Deckel halb auf den Bräter legen und 1 Stunde köcheln lassen.

Am Ende der Kochzeit die Quitten aus dem Bräter nehmen und auf Küchenpapier legen. Die Lammfleischstücke aus dem Bräter auf einen vorgewärmten tiefen Teller legen. In einer kleinen Schüssel das Zimtpulver mit dem Honig vermischen. Die Hälfte der Mischung in den Bräter geben und aufkochen lassen. Die Sauce zu Sirup kochen. Den Koriander waschen und fein hacken.

Die Butter auf großer Flamme in einer Pfanne erhitzen und darin die Quitten von beiden Seiten karamellisieren, dabei die restliche Honig-Zimt-Mischung zugeben. Die Lammstücke in der eingedickten Sauce erwärmen.

Das Lamm auf einer Platte anrichten, umgeben von den karamellisierten Quitten. Mit dem gehackten Koriander bestreuen.

Dieses Rezept lässt sich auch auf orientalische Art zubereiten, wenn man zu der Gemüsebrühe 2 Zimtstangen, 1 Anisstern und 1 Esslöffel Kreuzkümmel hinzugibt.

Fünf-Stunden-Lamm

Zubereitung: 30 Min.

Kochzeit: 1 Std. 30 Min. für die Brühe (am Vortag), 5 Std. 15 Min. für das Lamm

Für 6 bis 8 Personen

Für die Gemüsebouillon

> 3 mittelgroße Karotten
> 2 Lauchstangen
> ½ Fenchelknolle
> 2 grüne Selleriestangen
> 2 große Schalotten
> 1 Bouquet garni (s. S. 64)
> 10 Körner bunte Pfeffermischung
> 5 Körner Koriander
> 300 ml trockener Weißwein

Für die Lammkeule

> 1 Lammkeule von ca. 2,5 kg, der Metzger soll den unteren Knochen entfernen und das Fleisch zusammenschnüren, dazu 1 kg Lammknochen, in Stücke geschnitten
> 1 Knolle Knoblauch
> 500 g Tomaten
> 2 EL Sonnenblumenöl
> 200 g Mehl
> Grobes Salz und Pfeffer aus der Mühle
> Außerdem: ein Passiertuch (ersatzweise eine Moltonwindel)

Am Vorabend die Bouillon zubereiten: Die Karotten, den Lauch, den Fenchel, den Sellerie und die Schalotten schälen und kleinhacken. Das gehackte Gemüse mit dem Bouquet garni, dem Pfeffer und dem Koriander in einen Kochtopf geben. Den Weißwein und 3 Liter Wasser dazugießen. Aufkochen, den Schaum abschöpfen und 1½ Stunden köcheln lassen. Abkühlen lassen und bis zum nächsten Tag im Kühlschrank aufbewahren.

Den Ofen auf 120°C vorheizen. Die Knoblauchzehen aus der Knolle lösen, aber ganz lassen. Die Tomaten abspülen und vierteln. Die Lammkeule salzen und pfeffern, dann in einem Bräter bei starker Hitze in dem Öl anbraten. Herausnehmen und in ein Passiertuch einschlagen. Die Knochen in den Bräter geben, erhitzen und 5 Minuten lang umrühren. Wieder vom Feuer nehmen, die Tomaten und die Knoblauchzehen dazugeben. Die Lammkeule im Passiertuch in den Bräter legen, 2 Liter der Gemüsebouillon abseihen und darübergießen.

Das Mehl mit 100 bis 150 ml Wasser zu einer modellierbaren Masse verkneten. Den Deckel auf den Bräter setzen und den Rand mit dem Teig abdichten. Den Bräter im Ofen 5 Stunden lang garen lassen. Dann aus dem Ofen nehmen und die Teigkruste aufbrechen. Das Lamm aus dem Bräter nehmen und diesen auf dem Herd erhitzen. Die Boullion auf 300 ml Sauce einkochen und abfiltern. Die Knoblauchzehen beiseite stellen.

Die Lammkeule aus dem Passiertuch auswickeln und auf einem Teller servieren, zusammen mit der Sauce und den Knoblauchzehen. Dazu passen gefüllte Zucchini oder Polenta mit Parmesan.

Der italienische Schafskäse Pecorino ist an der Käsetheke oder im Kühl-
regal zu bekommen. Am bekanntesten ist der Pecorino romano, doch es
wird auch Pecorino siciliano oder sardo angeboten, die etwas mehr Fett
enthalten.

Grünes Lammragout mit Pecorino

Zubereitung: 30 Min.

Garzeit: ca. 1 Std.

Für 6 Personen

> 1,2 kg Lammschulter, in Würfel
  von ca. 5–6 cm geschnitten
> 12 Frühlingszwiebeln
> 6 Scheiben Pancetta (oder
  geräucherter Schinkenspeck)
> 6 schöne neue Kartoffeln, etwa
  gleich groß
> 800 g Bohnen in der Schote
> 500 g Erbsen in der Schote
> 200 g Gartenbohnen
> 200 g Zuckererbsen
> 3 frische Knoblauchzehen
> 2 EL Olivenöl
> 250 ml Weißwein
> 250 ml Geflügelbrühe
> 150 g Pecorino
> 12 Stängel Kerbel
> Salz, Pfeffer aus der Mühle

Die Frühlingszwiebeln schälen und die Hälfte der grünen
Stiele abschneiden. Die Pancetta in kleine Stücke
hacken. Die Kartoffeln abschrubben und abspülen. Die
Bohnen und Erbsen aus der Schote pulen. Von den
Gartenbohnen die Enden abschneiden, dann die
Bohnen halbieren. Die Zuckererbsen waschen und
abtrocknen. Die Bohnen 2 Minuten lang in kochendes
Salzwasser tauchen, dann abtropfen, abspülen und die
zweite Haut abziehen. Den Knoblauch schälen und
hacken.

In einem Bräter die ganzen Zwiebeln 3 Minuten lang bei
starker Hitze im Olivenöl anbraten. Die Pancetta
hineingeben, dann die gesalzenen und gepfefferten
Fleischwürfel, beides 5 Minuten lang anbraten, dabei
umrühren. Den Knoblauch hineingeben, den Weißwein
dazugießen. 2 Minuten lang aufkochen. Die Brühe
zugeben und noch einmal aufkochen, dann die Hitze
reduzieren. Die Kartoffeln ganz dazugeben und
45 Minuten köcheln lassen. 10 Minuten vor Ende der
Kochzeit die Bohnen, die Erbsen, die Gartenbohnen
und die Zuckererbsen hinzugeben.

Den Pecorino in kleine Würfel schneiden. Den Kerbel
waschen, die Blätter abzupfen und abtrocknen. Die
Pecorino-Würfel über das Ragout geben, umrühren und
weitere 5 Minuten kochen lassen.

Das Ragout in einer Schale anrichten, mit den Kerbel-
blättern bestreuen und sofort servieren.

Das Huhn im Topf ist das klassische Schmorgericht. Es wird hier mit Kurkuma angerichtet, einem Gewürz, das vor allem in Südostasien und in Indien verwendet wird.

Huhn im Topf mit Kurkuma

Zubereitung: 30 Min.

Garzeit: 3 Std. 40 Min.

Für 6 Personen

> 1 Huhn vom Bauernhof, etwa 2 kg schwer, ausgenommen und zusammengeschnürt
> 1 ½ Zitronen
> 1 EL Kurkumapulver
> 2,5 l Geflügelbrühe
> 1 Bouquet garni (s. S. 64)
> 8 mittelgroße Karotten
> 8 Lauchstangen, davon der weiße Teil
> 8 mittelgroße Mairüben
> 1 Knolle Sellerie
> 60 g Korinthen
> 3 Schalotten
> 40 g Butter: 20 g für den Reis, 20 g für die Sauce
> 350 g Langkornnaturreis
> 1 EL Mehl
> 200 ml Crème fraîche
> Muskatnuss
> Salz, Pfeffer aus der Mühle

Das Huhn mit einer halben Zitrone und dem Kurkumapulver einreiben. Die Geflügelbrühe zum Kochen bringen, das Huhn und das Bouquet garni hineinlegen. Salzen und 3 Stunden lang köcheln lassen. Karotten, Lauchstangen, Mairüben und die Sellerieknolle schälen. Die Lauchstangen der Länge nach halbieren und zu einem Bund zusammenschnüren. Die Sellerieknolle achteln und mit dem Saft einer halben Zitrone beträufeln. Das Gemüse nach der halben Kochzeit zum Huhn geben.

Die Korinthen abspülen. Die Schalotten schälen und fein hacken, dann in einem Bräter zwei Minuten in Butter wenden. Den Reis in einem Messbecher abmessen und das doppelte Volumen an Gemüsebrühe aus dem Topf entnehmen (etwa 350 ml). Den Reis in die heiße Butter streuen und 3 Minuten lang darin wenden; die heiße Brühe und die Korinthen hinzugeben. Den Bräter verschließen und 20 Minuten köcheln lassen.

Für die Sauce das Mehl und die Butter mit den Fingerspitzen verkneten. Noch einmal 350 ml Brühe vom Huhn abnehmen und aufkochen. Etwas Brühe abnehmen und mit der Mehl-Butter-Mischung glattrühren, dann wieder zurückgießen. Kräftig mit dem Schneebesen durchrühren und unter Rühren 5 Minuten lang kochen lassen. Die Crème fraîche hinzugeben und weitere 10 Minuten ziehen lassen. Mit Muskat und Pfeffer abschmecken, den Saft der letzten halben Zitrone dazugeben.

Das Huhn aus der Brühe heben und in Stücke schneiden. Das abgetropfte Gemüse um die Hühnerstücke herum anrichten. Dazu den Korinthenreis und die Sauce servieren.

Passionsfrüchte, auch Maracujas genannt, stammen aus den Tropen und sind sehr aromatisch und leicht säuerlich. Sie geben diesem Gericht eine diskrete Süße.

Entenkeule mit Ananas und Passionsfrucht

Zubereitung: 15 Min.

Garzeit: ca. 50 Min.

Für 6 Personen

> 6 Entenkeulen, je ca. 160 g
> ½ reife Ananas (oder eine Baby-Ananas)
> 3 Passionsfrüchte
> 30 g Entenschmalz (im Glas erhältlich, ersatzweise 2 EL Erdnussöl)
> 1 EL Szechuan-Pfeffer (ersatzweise rosa Pfefferbeeren)
> 100 ml Portwein
> 250 ml Geflügelbrühe
> 1 Bouquet garni (s. S. 64)
> 350 g Reismischung mit Wildreis (als fertige Mischung z.B. im Internet oder im Bioladen erhältlich, enthält weißen und roten Reis und Wildreis)
> 20 g Butter
> Salz

Das Entenfett in einem Bräter bei mittlerer Hitze erwärmen. Die gesalzenen Entenkeulen mit der Haut nach unten 4 bis 5 Minuten lang darin anbraten. Mit Szechuan-Pfeffer bestreuen und umdrehen. Von der Fleischseite 2 Minuten lang anbraten. Mit dem Portwein ablöschen, aufkochen lassen, dann die Geflügelbrühe und das Bouquet garni hinzugeben. Noch einmal aufkochen, dann die Hitze reduzieren. Den Bräter verschließen und etwa 35 Minuten köcheln lassen.

Die halbe Ananas schälen und dabei die »Augen« sorgfältig entfernen. Der Länge nach vierteln, den holzigen Kern entfernen. In Scheiben von etwa 1 Zentimeter Dicke schneiden und dabei den Saft auffangen. Die Passionsfrüchte halbieren, das Fruchtfleisch und den Saft herauslösen und in eine Schüssel geben.

Den Reis in kochendem Salzwasser garen.

Die Entenkeulen aus dem Bräter nehmen, auf einem vorgewärmten Teller anrichten und mit Alufolie abdecken. Den Ananassaft in den Bräter gießen und die Flüssigkeit bei großer Hitze auf die Hälfte ihres Volumens einkochen. Die Ananasscheiben zugeben, noch einmal aufkochen. Die Ananasscheiben um die Entenkeulen herum anrichten, mit Sauce übergießen, Fruchtfleisch und Saft der Passionsfrüchte auf der Ananas verteilen. Den Reis mit der Butter verfeinern und dazu servieren.

Dieses Rezept kann auch mit anderem Geflügel – Gans, Perlhuhn – zubereitet werden oder auch mit Schweinekoteletts.

Entenbraten mit Rotkohl und Zimt

Zubereitung: 25 Min.

Garzeit: ca. 3 Std.

Für 6 Personen

> 1 Ente von 2,2 kg, küchenfertig
> 1 Rotkohl, 1,5 kg, fest und glänzend
> 3 EL Erdnussöl
> 2 Zwiebeln
> 3 Schalotten
> 2 Knoblauchzehen
> 1 Zimtstange
> 2 EL Weinessig
> 200 ml Rotwein (z.B. Côtes du Rhône)
> 2 Äpfel (Granny Smith)
> 1 unbehandelte Orange
> 30 g Butter
> Grobes Salz, Pfeffer aus der Mühle

Den Ofen auf 150°C vorheizen. Die zwei äußeren Blätter vom Rotkohl entfernen, den Kohlkopf vierteln, dann in feine Scheiben schneiden. Die Zwiebeln, Schalotten und Knoblauchzehen schälen und hacken. Dann 2 Esslöffel Öl in einem Bräter bei mittlerer Hitze erwärmen, Zwiebeln, Schalotten und Knoblauch zusammen mit der Zimtstange 5 Minuten lang wenden. Den Rotkohl dazugeben und 2 Minuten lang rühren. Den Weinessig, den Rotwein und 100 ml Wasser darüber schütten, aufkochen, salzen und pfeffern. Den Bräter verschließen und in den Ofen schieben. Zwei Stunden lang köcheln lassen. Die Äpfel schälen und reiben. Die Orange waschen und abtrocknen, die Schale in Zesten abziehen und den Saft auspressen. Die Äpfel, die Zesten und den Orangensaft 30 Minuten vor Ende der Garzeit des Kohls hinzufügen.

Wenn der Rotkohl gar ist, die Ente zubereiten. Den Kohl beiseite stellen. Die Temperatur im Ofen auf 210°C erhöhen und den Bräter auswaschen. Einen Löffel Öl im Bräter erhitzen, darin die gesalzene und gepfefferte Ente 10 Minuten lang von allen Seiten anbraten. Den Bräter ohne Deckel in den Ofen schieben und die Ente 1 Stunde garen, nach der halben Zeit wenden.

Die Ente aus dem Bräter nehmen. Die Filets abtrennen und dritteln, warm stellen. Die Schlegel abtrennen und halbieren, in den Bräter zurücklegen und weitere 10 Minuten garen. Den Kohl hinzugeben und bei geringer Hitze aufwärmen. Auf einem Teller die Ententeile auf dem Kohl anrichten. 100 ml Wasser in den Bräter gießen, bei mittlerer Hitze den Bratensatz lösen. Mit einem Schneebesen die Butter in die Sauce rühren. Den Bratensaft heiß in einer Schüssel servieren.

Den Maikohl am selben Tag verarbeiten, an dem er gekauft wurde. Er lässt sich schlecht lagern, selbst im Kühlschrank.

Gebutterter Maikohl mit Wachteln

Zubereitung: 15 Min.

Garzeit: ca. 50 Min.

Für 6 Personen

> 2 Köpfe fester, grüner Maikohl
> 6 wohlgenährte Wachteln
> 6 frische, gleich große Frühlingszwiebeln
> 2 EL Erdnussöl
> 1 TL rosa Pfefferbeeren
> 1 Bouquet garni (s. S. 64)
> ½ TL Kreuzkümmel, nicht gemahlen
> 150 ml Geflügelbrühe
> 50 g Butter
> Salz und Pfeffer aus der Mühle

Die äußeren Kohlblätter entfernen. Die Kohlköpfe in sechs Teile teilen und die Stümpfe spitz herausschneiden. Die Kohlstücke abspülen und in einem Sieb abtropfen lassen. Die Frühlingszwiebeln schälen, die Hälfte der grünen Stiele abschneiden und beiseite stellen.

Das Öl auf mittlerer Hitze in einem Bräter erwärmen. Die Wachteln darin von allen Seiten 5 Minuten lang anbraten, dann salzen und pfeffern. Die rosa Pfefferbeeren zwischen den Fingern zerquetschen und ebenfalls dazugeben. Die Wachteln aus dem Bräter nehmen und auf einem tiefen Teller unter Alufolie warm halten. Bei mittlerer Hitze den Kohl, die Zwiebeln und das Bouquet garni 5 Minuten lang im Fett wenden, dann mit den Kreuzkümmelkörnern bestreuen.

Die Hälfte des Kohls aus dem Bräter nehmen. Die Wachteln auf das Kohlbett im Bräter legen, auch den Saft in den Bräter geben, den sie auf dem Teller gezogen haben. Mit dem restlichen Kohl bedecken und die Gemüsebrühe dazugießen. Alles aufkochen und die Hitze reduzieren. Den Bräter schließen und 40 Minuten köcheln lassen. Während dieser Zeit zwei- oder dreimal umrühren und dabei die Wachteln immer wieder mit dem Kohl bedecken.

Am Ende der Kochzeit die Butter in Stückchen hinzugeben. Das Bouquet garni entfernen. Die beiseite gestellten Stiele der Frühlingszwiebeln fein hacken und unterheben.

Die Wachteln auf eine Servierplatte legen und den Kohl um sie herum anrichten. Sofort servieren.

Zu diesem Gericht passt hervorragend der violette Senf auf der Grundlage von Traubenmost, der in der französischen Stadt Brive hergestellt wird.

Perlhuhn mit Rosenkohl und Esskastanien

Zubereitung: 15 Min.

Kochzeit: 1 Std. 15 Min.

Für 6 Personen

> 1 küchenfertiges Perlhuhn (ca. 1,8 kg)
> 1 kg Rosenkohl, fest, grün, ohne vergilbte Blätter
> 2 große Zwiebeln
> 2 EL Erdnussöl
> 6 dünne Scheiben geräucherter Schinkenspeck
> 1 Bouquet garni (s. S. 64)
> 30 g Butter
> 250 g gekochte Esskastanien (eingeschweißt oder im Glas)
> Grobes Salz, Pfeffer aus der Mühle

Von den Kohlröschen die Strünke abschneiden und die äußeren zwei Blätter entfernen. Die Röschen 5 Minuten lang in kochendes Salzwasser tauchen, dann herausnehmen und kurz in eine Schüssel mit kaltem Wasser tauchen. Abtropfen lassen.

Die Zwiebeln schälen und hacken. 1 EL Öl in einem Bräter bei mittlerer Hitze erwärmen und darin die Speckscheiben von beiden Seiten anbraten. Das Perlhuhn mit dem restlichen Öl einschmieren, salzen und pfeffern.

Den Schinkenspeck aus dem Bräter nehmen und das Perlhuhn 10 Minuten lang anbraten. Die Zwiebeln hinzugeben. Alles gut durchrühren, dabei den Bratensatz loskratzen. Den Speck wieder in den Bräter geben und das Perlhuhn auf die Seite legen und mit dem Rosenkohl bedecken. Das Bouquet garni und 200 ml Wasser zugeben, sowie die Butter in kleinen Stücken. Den Bräter verschließen.

Ungefähr 1 Stunde lang kochen lassen, nach der Hälfte der Zeit das Perlhuhn auf die andere Seite drehen. Am Ende der Kochzeit die Garprobe machen: Einen Schlegel mit dem Messer anstechen. Der Saft, der herausläuft, sollte nicht mehr rosa sein. Die Esskastanien 10 Minuten vor Ende der Kochzeit hinzugeben.

Das Perlhuhn zerlegen, die Teile auf einem vorgewärmten, tiefen Teller anrichten, das Gemüse und die Speckscheiben um sie herum legen. Mit dem Bratensaft übergießen und sofort servieren.

Erläuterungen

Bouquet garni: ein kleines Kräutersträußchen aus 3 Petersilienstängeln, 2 Zweigen frischem Thymian und einem kleinen Lorbeerblatt. Wo das Bouqet garni von dieser traditionellen Zusammensetzung abweicht, sprechen wir von einem Kräutersträußchen und nennen die Zutaten.

Dank

Coco Jobard dankt ihren Freunden und Bekannten, die ihr ihre Familienrezepte anvertraut haben:

Vera Olovianichnikoff, Cristina de Gabriac, Anne-Marie, Salleo, Alex von der Country Bar À la Campagne à Paris, Odile Riot, Henriette Chardak, Marie Carmen Zamudio, Abder de Marrakech.

Coco Jobard und Christian Mèche danken allen, die zur Dekoration der Fotos beigetragen haben:

Francis Staub; Jeanine Cros; Henriette, Laetitia Dennilauler, Geneviève Berin; Sophie Blervaque, Gersendre, Martine Collombier-Mautin; Tom Geugnon; La Compagnie française de L'Orient et de la Chine; Little Hanoi; Schwarze Keramik aus La Chamba, Kolumbien, von Alter Mundi; Catherine Garnier; Christine Labrune et Elcie; Idaho; Sentou; Laurent Denize d'Estrées; Taïr Mericer; Soraya.

VERLAGSGRUPPE PATMOS

PATMOS
ESCHBACH
GRUNEWALD
THORBECKE
SCHWABEN

Die Verlagsgruppe
mit Sinn für das Leben

Für die Schwabenverlag AG ist Nachhaltigkeit ein wichtiger Maßstab ihres Handelns. Wir achten daher auf den Einsatz umweltschonender Ressourcen und Materialien. Dieses Buch wurde auf FSC®-zertifiziertem Papier gedruckt. FSC (Forest Stewardship Council®) ist eine nicht staatliche, gemeinnützige Organisation, die sich für eine ökologische und sozial verantwortliche Nutzung der Wälder unserer Erde einsetzt.

Umschlaggestaltung: Finken & Bumiller, Stuttgart
Umschlagabbildung sowie alle Fotos im Buch: Jean-Blaise Hall
Druck: Süddeutsche Verlagsgesellschaft, Ulm
Hergestellt in Deutschland
ISBN 978-3-7995-0764-6

Gemüse

Schwein

Rind